ARISTOTE

ET L'HISTOIRE

DE LA

CONSTITUTION ATHÉNIENNE

BARTHÉLEMY-St HILAIRE

ARISTOTE

ET L'HISTOIRE

DE LA

CONSTITUTION ATHÉNIENNE

EXTRAIT DE LA *REVUE BLEUE*

PARIS

ADMINISTRATION DES DEUX REVUES

111, BOULEVARD SAINT-GERMAIN

1891

ARISTOTE

ET L'HISTOIRE

DE LA

CONSTITUTION ATHÉNIENNE

—

Athènes, Aristote! Un grand ouvrage retrouvé après quinze siècles, où on le croyait perdu! L'histoire constitutionnelle de la cité de Minerve, écrite par le philosophe! Quelle découverte! quelle surprise, quel trésor! Athènes, Aristote! Dans les fastes de l'esprit humain, rien n'est au-dessus de ces deux noms, entourés de tant d'admiration, de respect et de gratitude. Aussi, quelle émotion n'a pas ressentie le monde savant quand le British Museum annonça cette prodigieuse nouvelle, et publia le texte grec, d'après un papyrus remontant à plus de dix-huit cents ans! Mais lorsqu'une richesse inespérée nous survient tout à coup, on hésite encore quelques instants à croire qu'on la possède ; et ce n'est pas non plus sans anxiété qu'on s'est demandé : « Cette œuvre est-elle bien authentique ? Est-ce bien Aristote qui en est l'auteur ? »

Hâtons-nous de le dire, et dissipons toutes les inquiétudes : Oui, l'œuvre est parfaitement authentique ; c'est Aristote qui l'a composée. Le doute disparaîtra tout entier pour peu qu'on veuille peser quelques arguments décisifs. Voici le premier, qui, à lui seul, pourrait tenir lieu de tous les autres.

Il y a dix ans, on découvrait, sur un papyrus n° 163 de l'Académie de Berlin, quelques fragments d'un manuscrit grec. On crut pouvoir les attribuer à Théopompe. Il y était traité de la loi de Solon appelée Sisachthie, de Damasias l'archonte, de Clisthène et de Thémistocle. Mais à un examen plus attentif, M. Bergk (Rheinisches Museum, tome XXXVI, 1881) reconnut dans ces fragments la Constitution d'Athènes par Aristote ; et il constata cette assertion par des preuves tellement frappantes que désormais il ne fût plus possible d'avoir la moindre incertitude. En 1885, une étude complète de M. Diels, dans les Mémoires de l'Académie de Berlin, fit une lumière définitive. M. Diels reproduisait, à l'appui de son travail, tous les fragments mutilés que le papyrus n° 163 pouvait fournir ; il les commentait savamment, et il ajoutait des fac-similés pour ces morceaux fort courts, mais extrêmement curieux.

Or, tous ces fragments se retrouvent mot pour mot dans le papyrus du British Museum. Mais le papyrus anglais a sur l'autre cet incomparable avantage qu'il est beaucoup plus étendu, et qu'il a conservé, sauf un petit nombre de lacunes, l'ouvrage total du philosophe. Les deux copies que les papyrus contiennent se certifient l'une l'autre; et, en présence d'une telle conformité, il faudrait un scepticisme de parti pris pour n'être pas absolument convaincu.

Maintenant, et cette démonstration faite préalablement, nous revenons au papyrus du British Museum. L'ouvrage couvre quatre longs feuillets, et remplit trente-sept colonnes d'écriture. Le papyrus a été rapporté d'Égypte, comme tant d'autres, par des explorateurs anglais; il a été dépouillé par des mains savantes, auxquelles le dépôt était confié. Le recto est occupé par les comptes d'un intendant ou d'un propriétaire grec, consignant par écrit ses dépenses et ses recettes. Cette comptabilité régulière est datée de la onzième année du règne de Vespasien. C'est l'année même de la mort de cet empereur, 70 de notre ère, époque fameuse par la catastrophe du Vésuve, où périt Pline l'Ancien. C'est le verso du papyrus qui a été employé à la transcription de l'ouvrage aristotélique. Quatre écritures différentes attestent que quatre personnes ont été chargées de la copie. Ces personnes, plus ou moins illettrées, étaient ou des affranchis ou des esclaves. Copistes de rencontre,

Ils ne savaient pas très bien l'orthographe, et des corrections avaient dû plus d'une fois réparer les erreurs de scribes insuffisants. Les bords latéraux du papyrus sont déchirés, attendu que ces parties étaient le plus exposées à la destruction, quand on maniait les rouleaux, pour les ouvrir ou pour les replier. Mais ces lacunes sont peu étendues ; et le traité d'Aristote, complet sauf cette réserve, expose les révolutions successives du gouvernement de l'Attique, jusqu'à sa décadence, après la guerre du Péloponèse, et jusqu'au moment où écrivait l'auteur.

Sur le papyrus, la fraude, quelque habile qu'elle soit, est absolument impuissante. De nos jours, il s'est trouvé des faussaires assez adroits pour tromper des gens fort éclairés, et même des savants ; mais, ici, les plus fins et les plus audacieux de ces fripons auraient échoué, en supposant même qu'ils eussent surpris la sagacité des conservateurs du British Museum. C'est que la matière même leur eût été un obstacle insurmontable. Aujourd'hui, on ne peut plus, d'aucune façon, faire du papyrus. Pline, dans le XIIIe livre de son Histoire naturelle, nous en a expliqué, en six ou sept chapitres, la fabrication, avec tous les procédés techniques. Il a bien pu nous parler aussi des règlements d'Auguste, de Tibère et de Claude, relatifs aux dimensions et à la vente du tissu. Le roseau du papyrus pousse toujours, non moins souple que jadis, dans les marécages du

Nil ; il est toujours monocotylédone et de la famille des Cypéracées. Mais personne ne pourrait sur les indications de Pline, toutes précises qu'elles sont, se procurer l'antique papier. Comment une coupable industrie donnerait-elle à son produit frauduleux cette teinte de vétusté, et cette patine, que le temps seul imprime aux matières qu'il conserve, et à celle-là plus qu'à toute autre ?

Ainsi, du côté matériel, point d'erreur possible. Littérairement, il n'y en a pas davantage.

Pour comprendre toute l'importance de l'histoire particulière de la Constitution d'Athènes, il faut savoir que ce traité, quoique infiniment précieux, n'est pourtant qu'une fraction d'un monument bien autrement vaste. Aristote, pour composer sa Politique, telle que nous la possédons, avait fait une ample moisson de faits empruntés à toutes les cités de la Grèce et aux États voisins. Il avait rédigé l'histoire de cent cinquante-huit Constitutions diverses, analysées par lui ; il en avait tiré ce résumé qu'on a justement surnommé l'Esprit des lois de l'Antiquité, le plus beau livre de politique que les hommes aient fait jusqu'ici, et le plus profond peut-être qu'ils feront jamais. Ce recueil unique existait encore au ve siècle de notre ère, et probablement même un peu plus tard ; mais il avait disparu définitivement à partir du viiie siècle ; et, depuis lors, l'érudition avait dû en faire son deuil. Les plus constantes recherches étaient demeurées sans résultat ; et les fragments, que de nombreux témoignages nous avaient transmis, ne pouvaient qu'augmenter nos regrets, en nous permettant d'entrevoir tout ce que devait être l'édifice, si tristement réduit à des débris informes.

Cicéron, mort quarante-trois ans avant l'ère chrétienne, avait en main le Recueil des Constitutions ; et, dans le V⁰ livre de son Traité des Biens et des Maux (chapitre IV), il en parle avec éloge. Tout en se déclarant partisan de la politique platonicienne, il ajoute : « Les mœurs, les coutumes, les institutions de la plupart des cités grecques et aussi de la plupart des villes barbares ont été décrites par Aristote. » Cicéron dit encore dans le livre III Des Lois (chapitre VI) : « Aristote a par ses recherches éclairé toute la politique. » Après Cicéron, Plutarque, au début du second siècle de notre ère, Diogène Laërce et Pollux dans le troisième, surtout Harpocration dans le quatrième, Sopater, le rhéteur du cinquième, cité par Photius, le patriarche de Constantinople, et bien d'autres avec eux étudiaient le Recueil des Constitutions, et pouvaient en méditer les enseignements, applicables à la société où ils vivaient, comme ils le sont à la nôtre.

Mais pourquoi nous arrêter à des autorités secondaires ? Bien au-dessus d'elles, ne pouvons-nous pas invoquer l'autorité même d'Aristote ? En terminant la Morale à Nicomaque, voici comment il s'exprime :

« Nos devanciers ayant laissé inexploré le champ de la législation, il y aura peut-être quelque utilité à le parcourir nous-même, et à traiter à fond de la politique, afin de compléter, dans la mesure de nos forces, la philosophie des choses humaines. Et d'abord, quand nous trouverons dans nos prédécesseurs quelque détail de ce vaste sujet heureusement présenté, nous ne manquerons pas de l'adopter, en le citant; et ensuite, nous verrons, d'après les Constitutions que nous avons recueillies, quels sont les principes qui maintiennent ou qui perdent les États en général, et chacun de ces États en particulier. »

Aristote s'est si bien tenu la promesse qu'il se faisait à lui-même que, dans sa Politique, il a trouvé l'occasion de nommer quatre-vingts Constitutions, pour en tirer ses théories, fondées sur des exemples historiques. Après lui, des auteurs ont, à différentes intentions, cité des fragments plus ou moins considérables de quatre-vingt-quinze Constitutions, sur les cent cinquante-huit. Selon quel ordre ces analyses se succédaient-elles dans leur ensemble? M. Charles Müller, qui a été un des premiers à classer toutes ces réminiscences, les range par pays : Athènes, Sparte et la Crète d'abord, puis le Péloponèse, l'Eubée, la Hellade, l'Épire, la Thessalie, la Macédoine et la Thrace, les îles de la mer Égée, et quelques États d'Asie, d'Afrique, et enfin la Sicile, l'Italie et même Marseille. Cet ordre, imaginé par un philologue de nos jours, est peut-être trop arbitraire; il pourrait être tout autre d'après des témoignages plus autorisés; et avec Diogène Laërce, on peut admettre que les Constitutions étaient rangées, selon leur espèce, en démocratiques, oligarchiques, aristocratiques et monarchiques; ou même, selon Photius, alphabétiquement.

Mais il importe peu; on voit que la Constitution d'Athènes n'était qu'une portion d'un système, comprenant la totalité des peuples connus au temps d'Alexandre. Il est probable qu'elle y tenait la première place; cet honneur lui était dû à bien des titres; mais elle était accompagnée d'une foule d'autres Constitutions, qui avaient attiré aussi les regards du philosophe. On ne connaissait jusqu'ici la Constitution d'Athènes que par des citations au nombre de quatre-vingt-onze, dont soixante-dix-huit se retrouvent exactement dans l'ouvrage qui vient de sortir du papyrus. C'est une confirmation nouvelle et irrécusable de l'authenticité. Mais ces citations, nécessairement très concises, n'en fournissaient qu'une image confuse et incertaine. Comment cette Constitution va-t-elle nous apparaître maintenant? Comment, dans le récit d'Aristote, se présente-t-elle, racontée et jugée par lui? Qu'est-elle sous nos yeux, grâce à la savante édition qu'en a donnée M.-F.-G. Kenyon, du British Museum?

Le texte original tient cent quatre-vingt-une pages in-8°, qui se réduisent à une centaine environ, déduction faite des notes historiques qui le commentent et l'éclaircissent. L'éditeur a cru pouvoir diviser ce texte en soixante-trois chapitres, dont les quarante et un premiers sont consacrés à l'histoire proprement dite des révolutions constitutionnelles, et les vingt-deux derniers à l'organisation administrative des magistratures et des fonctions publiques.

Cette division est très acceptable, bien qu'elle ne vienne pas de l'auteur ; mais elle ressort de la diversité des matières. Le récit d'Aristote, tronqué de quelques feuillets du début, commence vers l'époque où Épiménide de Crète vint purifier la ville d'Athènes, souillée par le meurtre des complices de Cylon, tués au mépris de la foi jurée. La conspiration dont Cylon s'était fait le chef avait pour but d'usurper la tyrannie ; elle avait été violemment réprimée ; les Alcméonides et l'archonte Mégaclès, leur chef et l'auteur du parjure, avaient été expulsés ; et c'était Solon qui, assez longtemps après, devait appeler Épiménide, réputé pour un sage et pour un hiérophante. Cette expiation sacrée avait fait cesser les discordes sanglantes dont la ville était trop souvent le théâtre.

Après avoir indiqué en quelques pages ce qu'étaient les pouvoirs essentiellement aristocratiques avant Dracon, Aristote s'arrête un peu plus à ce législateur. Il ne fait pas la moindre allusion à la sévérité excessive de ses lois pénales ; et il semble le louer uniquement d'avoir conféré au peuple des droits qui lui avaient été

jusque-là refusés. Dracon accorda, sans distinction, à
tous ceux qui portaient les armes, la faculté d'obtenir
certaines fonctions, et notamment de faire partie du
Conseil des 401, où l'on entrait par la voie du sort, à la
seule condition d'avoir plus de trente ans. Ce Conseil
préparait les lois soumises à l'assemblée générale.
Dracon ne diminua d'ailleurs en rien les attributions
de l'Aréopage, qui restait le gardien vigilant des lois, et
qui était la cour d'appel pour tous les litiges. Mais,
malgré ces adoucissements aux souffrances populaires,
la propriété du territoire restait entre les mains d'une
minorité oppressive; et le plus grand nombre des nouveaux citoyens étaient toujours exposés à devenir, de
leur personne, les esclaves d'impitoyables créanciers.
On conçoit qu'Aristote n'ait point parlé des lois pénales de Dracon, puisqu'il ne s'occupe que des actes
qui touchaient directement à la Constitution.

A la suite d'une sédition où le peuple s'était soulevé
contre les oligarques, les deux partis, las de la lutte,
qui avait été fort longue, s'étaient enfin entendus.
Solon, élu archonte, avait été pris pour arbitre; né
dans une famille assez obscure, il s'était fait connaître
tout à la fois par une rare habileté commerciale et
par des poésies élégiaques, où avaient éclaté sa sagesse
et son patriotisme. Une fois maître du pouvoir, il dé-
livra le peuple en abolissant l'esclavage pour dettes, et
même en annulant toutes les dettes privées et pu-

bliques. C'est ce qu'on nomme la Sisachthie, c'est-à-dire l'allégement d'un fardeau intolérable. Une mesure aussi grave avait suscité de vives réclamations; il paraît même que, connue à l'avance par quelques amis du législateur qui avaient pénétré son secret, des spéculations peu honorables leur avaient été faciles; mais la probité de Solon était restée à l'abri de tout soupçon. Il abrogea toutes les lois de Dracon, sauf celles qui étaient relatives aux meurtres. Les nouveaux décrets, gravés sur des planches d'airain appelées Cyrbes, avaient été affichés au Portique royal, et tous les citoyens y avaient prêté serment. Pour sanctionner cet accord solennel, les neuf archontes décidèrent que quiconque violerait ces lois serait condamné à faire fondre à ses frais une statue d'or de grandeur naturelle, pour le temple de Delphes. C'était encore le serment qu'on prêtait du temps d'Aristote.

Solon maintint la division des citoyens et des contribuables en quatre classes. La première se composait de ceux qui avaient un revenu de cinq cents médimnes, en denrées liquides ou solides. La seconde était formée de ceux qui en avaient trois cents et de ceux qui entretenaient un cheval, ou plusieurs chevaux, au service de l'État; c'étaient les chevaliers. Les paysans qui avaient deux cents médimnes et qui pouvaient atteler une paire de bœufs, les zeugites, étaient la troisième classe; et la quatrième, qui possédait moins, comprenait le reste

du peuple, les thêtes. Les trois premières classes devaient élire les neuf archontes, les trésoriers de l'État,
les fermiers des revenus publics, les onze fonctionnaires chargés de l'exécution des peines capitales, et
les administrateurs du culte national. La quatrième
classe n'eut que le droit de faire partie de l'assemblée
générale et des tribunaux ; mais elle ne pouvait arriver
à aucune des fonctions supérieures.

Ces fonctions étaient en général réparties au sort sur
une liste de candidats présentés par chaque tribu ; et
c'est ainsi que les neuf archontes étaient nommés sur
une liste de dix candidats pour chacune. Jadis, c'était
l'Aréopage qui nommait directement les fonctionnaires et les renouvelait tous les ans. Solon, qui ne
changea pas le nombre des classes, laissa à leur tête
des chefs qui portaient le nom de rois. Chaque tribu,
divisée en trois sections, désignait douze commissions
qui devaient se charger des constructions navales, et
qui s'appelaient des naucraries ; des fonds spéciaux
étaient mis à leur disposition. Solon conserva le conseil des Quatre-Cents, à cent membres par tribu. Comme
Dracon, il laissa à l'Aréopage la haute surveillance des
lois, et il lui conféra le pouvoir de frapper d'une
amende et de peines sévères ceux qui les violaient.
Pour prévenir autant que possible les séditions fu-
tures, il porta cette loi, qui ne se trouve qu'à Athènes,
à savoir que tout citoyen qui, dans une insurrection,

ne prenait pas les armes et qui restait indifférent serait privé de tous droits civiques et noté d'infamie.

Parmi les institutions de Solon, celles qui sont le
plus démocratiques, d'après Aristote, ce sont l'abo-
lition de l'esclavage pour dettes, l'autorisation à tout
citoyen d'ester en justice, et enfin l'entrée des tribunaux ouverte à la foule du peuple, qui puisa dans ce
droit une force prépondérante; car une fois maître des
jugements, dit Aristote, le peuple était maître de tout.
On croit même que Solon avait à dessein laissé de
l'obscurité dans quelques-unes de ses lois, pour que le
peuple pût, à son gré, user de l'interprétation. Ce qu'il
y a de certain, c'est que, pour faciliter toutes les
transactions des basses classes, il joignit, à l'aboli-
tion des dettes, un règlement nouveau des poids et
mesures; il porta de 70 drachmes à 100 la valeur de
la mine, et à 63 mines la valeur du talent. Comme
tant de réformes avaient fait des mécontents, Solon,
pour prévenir des discussions funestes, résolut de
s'éloigner de sa patrie pendant dix ans. Sous prétexte
d'affaires commerciales, il partit en voyage, et se
rendit en Égypte. S'il avait voulu s'unir à un des deux
partis qui agitaient la cité, il aurait pu aisément s'em-
parer de la tyrannie; mais il préféra le salut commun
à une ambition criminelle.

Solon lui-même s'est expliqué, dans des vers pleins
de noblesse, sur les motifs qui l'ont guidé quand il

s'efforçait de constituer une sage démocratie, et de pondérer les deux principes de la liberté et du bon ordre. Aristote cite avec complaisance de longs fragments de ces élégies, où dominent surtout une élévation d'âme et une franchise qu'aucun homme d'État n'a dépassées. Ces citations, faites d'abord par Aristote, ont été reproduites, d'après lui, par plusieurs des écrivains postérieurs; et voilà une preuve de plus, et tout à fait inattendue, de l'authenticité de notre papyrus.

Pendant quatre ans après le départ de Solon, la cité, obéissant encore à son influence bienfaisante, était demeurée calme. Mais dans la cinquième année, les dissensions éclatèrent de nouveau; et un archonte, du nom de Damasias, qui était resté deux ans et deux mois dans sa place, en avait été arraché par la force. Le nombre des archontes avait été porté de neuf à dix, dont cinq élus parmi les eupatrides ou oligarques, trois parmi les agriculteurs, et deux parmi les ouvriers. Mais cet expédient, qui devait assurer la paix, dura tout au plus un an, après la destitution de Damasias; et les querelles civiles recommencèrent aussi violentes que jamais.

Trois partis se formèrent, répondant aux trois régions principales du sol de l'Attique. Le parti du rivage maritime, sous la conduite des Alcméonides, était le plus modéré; le parti de la plaine, surtout oligarchique, obéissait à Lycurgue; et le parti de la montagne, qui avait à sa tête Pisistrate, était essentiellement démocratique. Pisistrate s'était rendu très populaire par son courage, dans une guerre contre Mégare. S'étant fait donner des gardes par le peuple, pour se défendre contre les prétendues embûches de ses ennemis, il s'empara de l'Acropole. Suivant Aristote, le coup de main eut lieu dans la trente-deuxième année après la promulgation des lois de Solon. Le législateur avait dès longtemps découvert les projets du factieux ; mais il n'avait pu les déjouer.

Le jugement d'Aristote est assez favorable à Pisistrate, qui se montra, dit-il, homme d'État plus que tyran. Il gouvernait depuis six ans, quand les chefs des deux autres partis, Mégaclès et Lycurgue, se liguant contre lui, le chassèrent d'Athènes, sous l'archontat d'Hégésias. Cet exil de Pisistrate ne dura pas moins de douze ans ; mais Mégaclès dut s'entendre avec lui de nouveau, et Pisistrate rentra triomphant dans la ville. Pour ces détails, Aristote s'en réfère à Hérodote, dont il abrège le récit. (Hérodote, liv. I, ch. 59 et suiv.) Pisistrate régna encore sept ans ; mais en dissidence avec Mégaclès, dont il avait épousé la fille, il dut s'exiler une seconde fois. Il séjourna plusieurs années dans des contrées environnantes, et il revint à la tête de ses partisans, après un combat victorieux. Il fonda sa tyrannie sur des bases qui la soutinrent jusqu'à sa mort. Aristote croit devoir insister sur les heureuses conséquences qu'eut pour Athènes l'administration de Pisistrate. Clément et généreux envers les pauvres, auxquels il faisait des avances d'argent, il parcourait souvent le pays pour s'enquérir de ses besoins; il faisait des remises d'impôts pour les plus malheureux; et sa tyrannie fut si douce qu'il était passé en proverbe que Pisistrate avait ramené sur la terre l'âge d'or de Saturne. Très simple dans sa personne et dans toute sa vie, il donna l'exemple de la soumission aux lois; accusé d'homicide devant l'Aréopage, il n'hésita pas à se présenter au tribunal, qui l'acquitta. C'est par cette modération et cette prudence qu'Aristote explique la fortune de Pisistrate, mourant dans un âge avancé, sous l'archontat de Philonée, trente-trois ans après sa première usurpation, et après avoir régné en tout dix-neuf ans.

Ses deux fils, d'un premier mariage, lui succédèrent, et se conduisirent d'abord à son exemple. Hippias, l'aîné, était presque aussi sage que son père. Hipparque, d'un esprit léger et fort ami du plaisir, cultivait les lettres passionnément, et s'était lié avec Anacréon, Simonide et les autres poètes de ce temps. Thessalus, issu d'un autre mariage, était de beaucoup le plus jeune; sa vie n'était qu'une suite d'excès, qui contribuèrent sans doute à compromettre ses frères. Pour se venger d'Harmodius, qui avait dédaigné son amitié, il fit un affront public à la sœur du jeune homme, et provoqua la conspiration qui coûta d'abord la vie à Hipparque, et, plus tard, le trône à Hippias. A la suite du meurtre d'Hipparque, le pouvoir était devenu ombrageux et cruel. Les Athéniens ne pouvaient plus supporter tant de maux; et les Alcméonides, trop faibles pour secouer le joug, n'hésitèrent pas à recourir à Sparte. Le roi Cléomène vint à la tête d'une armée. Hippias, attaqué dans le Pélasgique, dut accepter la paix, pour sauver la vie de ses enfants, qui avaient été faits prisonniers; et, dans les cinq jours, il dut remettre l'Acropole aux vainqueurs. Il y avait dix-sept ans que les fils de Pisistrate avaient succédé à leur père, et la tyrannie avait duré quarante-neuf ans en tout.

Elle avait à peine cessé que les désordres se renouvelèrent. Les Pisistratides avaient laissé derrière eux bien des complices. Isagoras, fils de Tisandre, était leur chef; Clisthène, de la famille des Alcméonides, était à la tête du parti populaire. Quoique soutenue par l'intervention du roi de Sparte, la faction des partisans des tyrans avait été vaincue; et Clisthène était resté maître du pouvoir. Il porta le nombre des tribus à dix, au lieu de quatre. Par suite, le conseil des Quatre-Cents fut porté à cinq cents membres, ou cinquante par tribu. Il partagea le pays en trente dèmes, dix pour chacune des trois régions : la ville, la plage marine et la campagne. Tous les habitants compris dans les dèmes

étaient citoyens à titre égal. Il remplaça les naucraries
par des démarques, ou chefs de dèmes, qui étaient
chargés des mêmes fonctions. Mais il ne toucha point
aux phratries, ni aux associations religieuses de tout
genre; et il laissa aux tribus les dix noms que la Pythie
avait désignés, entre une centaine.

Aristote remarque que tous ces changements de
Clisthène avaient rendu le gouvernement beaucoup
plus démocratique que celui de Solon; et la loi de l'os-
tracisme, portée aussi par Clisthène, compléta ses réformes. L'armée était sous les ordres d'un général en
chef ou polémarque, qui avait sous lui dix généraux
élus, un par tribu. La première application de l'ostra-
cisme eut lieu douze ans après la bataille de Mara-
thon, sous l'archontat de Phénippe, et elle frappa
Hipparque, fils de Charmès, de la tribu Colytte, parce
qu'il passait pour être toujours le chef du parti des
tyrans, dont la mansuétude du peuple avait souffert la
présence dans la cité. Aristote nomme encore plusieurs
personnages qui furent ostracisés, et entre autres Aristide, fils de Lysimaque, peu de temps après la victoire
de Salamine.

Ainsi, la démocratie ne cessa de faire des progrès
jusqu'aux guerres médiques. Mais l'autorité de l'Aréopage s'accrut aussi, parce qu'en décrétant pour chaque
matelot une solde de huit drachmes, il avait réorganisé
la flotte et contribué puissamment au triomphe. Selon

Aristote, c'est là le plus beau moment de la République, qui se couvre de gloire en sauvant la Grèce entière, et en conquérant l'empire de la mer, malgré la rivalité des Lacédémoniens. Athènes est alors conduite par Aristide, rappelé d'exil, et par Thémistocle, fils de Néoclès, l'un étant le prudent conseiller et l'autre le général. Ce fut Aristide, qui, trois ans après Salamine, constitua les premiers subsides que les villes alliées s'engageaient à fournir aux Athéniens, pour résister aux barbares. De là, pour Athènes, une prospérité et une puissance qu'elle n'avait jamais connues; de là, pour elle, l'hégémonie de la Grèce, sauf Chios, Lesbos et Samos, qui prétendirent conserver leur indépendance.

Aristote fait de la République, à ce moment, le plus brillant tableau. Elle entretient plus de 20 000 hommes aux frais de l'alliance. Elle a 1600 archers, 1200 cavaliers, des gardes nombreuses dans ses ports et dans l'enceinte de la ville, dont les murailles ont été rebâties et qui regorge de population; 700 fonctionnaires dans les dèmes, autant sur la frontière, 2500 hoplites, 20 vaisseaux croiseurs et, sur les vaisseaux qui vont recueillir les tributs, 2000 hommes, un corps nombreux de prytanes, de directeurs des orphelinats et d'administrateurs des prisons. Le tout était entretenu sur les ressources communes.

Cet état de bien-être et de puissance dura dix-sept ans après les guerres médiques, suivant le calcul d'Aristote; et pendant tout ce temps, ce fut l'Aréopage qui dirigea les affaires, bien que l'autorité de ce grand corps fût peu à peu minée par celle du peuple, qui s'accroissait sans cesse. Éphialte, fils de Sophonide, était alors le chef de la démocratie; il intenta des procès contre plusieurs aréopagites, auxquels on demanda compte de leur administration. Sous l'archontat de Conon, l'Aréopage eut encore plus à souffrir; et on lui enleva la police de la ville, pour la répartir entre le Conseil des Cinq-Cents, le peuple et les tribunaux. Éphialte ne put faire tous ces changements qu'avec l'aide de Thémistocle, qui était lui-même aréopagite, mais qui avait alors à se défendre contre des accusations de médisme. Tous deux d'accord en appelèrent aux Cinq-Cents et au peuple, et le pouvoir des aréopagites fut à peu près annulé. A quelque temps de là, Éphialte fut assassiné par Aristodicus, de Tanagre; et l'administration publique tomba de plus en plus entre les mains des démagogues. Six ans à peine après la disparition d'Éphialte, ils réussirent à faire décréter que les dix archontes pourraient être pris parmi les zeugites, tandis que jusque-là les archontes n'avaient été élus que dans les deux premières classes. Dix ans plus tard, sous l'archontat d'Antidotès, il fut décidé, sur la proposition de Périclès, que nul ne serait citoyen que s'il était Athénien de père et de mère athéniens eux-mêmes, tant la population de la cité s'était accrue.

Périclès, devenu chef du peuple, après s'être illustré dans sa jeunesse par des poursuites contre Cimon, rendit l'administration plus démocratique que jamais. En poussant la République à des entreprises maritimes, il enleva encore quelques attributions aux aréopagites ; et la multitude, qui remplissait nécessairement les flottes, fut bientôt maîtresse de toute l'autorité. Quand éclata la guerre du Péloponèse, quarante-neuf ans après la bataille de Salamine, le peuple, renfermé presque entièrement dans la cité et habitué à recevoir une solde militaire, dirigea lui-même toutes les affaires.

L'innovation principale de Périclès, ce fut d'avoir fait payer les juges. Cimon, qui était fort riche, en avait entretenu un grand nombre, par générosité ; mais Périclès, qui n'avait pas les mêmes ressources, mit la dépense à la charge du Trésor public. Ce fut un abaissement considérable de la judicature, qui ne tarda pas à devenir vénale. Anytus passe pour être le premier qui acheta les juges, afin d'échapper à l'accusation portée contre lui, pour avoir mal défendu la ville de Pylos. Tant que Périclès vécut, les affaires du peuple furent habilement menées ; mais, après sa mort, les choix populaires furent déplorables. Solon, Pisistrate, Clisthène avaient été des hommes illustres. Miltiade, Thémistocle, Aristide ne l'étaient pas moins. Mais Éphialte sortait des rangs du peuple, comme Périclès.

Après Périclès, Nicias, qui devait périr en Sicile, appartenait à la classe la plus distinguée; mais Cléon, fils de Cléænète, corrompit le peuple plus que personne, en déshonorant la tribune par ses violences et par ses calomnies. Cléophon, simple fabricant de lyres, fit donner deux oboles à chaque citoyen pour l'entrée au théâtre; Callicrate en proposa trois au lieu de deux; mais Callicrate et Cléophon n'en furent pas moins l'un et l'autre condamnés à mort par le peuple, qu'ils avaient flatté. Dans ces temps de désordre, c'est encore Nicias et Thucydide qui ont été les plus honnêtes et même les plus habiles. Il y a plus de doutes sur le rôle de Théramène.

Tant que la guerre se poursuivit à chances égales, la démocratie se maintint sans trop d'agitation; mais, après la défaite de Sicile, les révolutions recommencèrent. Aristote donne ici de précieux détails sur cette partie confuse de l'histoire d'Athènes, qui comprend le règne éphémère des Quatre-Cents, la gratuité de toutes les fonctions publiques, sauf celles des neuf archontes et des prytanes, tant que durerait la guerre, la levée extraordinaire de 5000 hommes désignés par dix mandataires de chaque tribu, et une foule d'autres mesures de salut public, qui furent aussi impuissantes qu'elles avaient été précipitées. Le despotisme des Quatre-Cents ne dura guère que quatre mois. Nouvelle organisation aussi peu solide, après la bataille navale d'Érétrie;

pouvoir remis aux cinq mille et au peuple, condamnation des généraux vainqueurs aux Arginuses, prise d'Athènes par Lysandre, après la perte de la bataille d'Ægos Potamos, tyrannie des trente oligarques imposés par les Lacédémoniens, prise de Phylé et de Munychie par Thrasybule, à la tête des proscrits, occupation de l'Acropole par le Spartiate Callibius, défaite de l'armée des Trente, Conseil des Dix, conclusion de la paix avec Pausanias, roi de Sparte, sous l'archontat d'Euclide.

Aristote énumère les conditions de cette paix, et il s'arrête au rétablissement de la démocratie, telle qu'elle subsistait de son temps. Nous ne le suivrons pas dans tous ces détails, qu'il termine lui-même par un résumé de tout le passé. Il y compte onze époques distinctes. La première est celle d'Ion, le légendaire fondateur de la colonie ionienne et l'auteur du partage des citoyens en quatre classes. La seconde est celle de Thésée, qui commença les concessions de la monarchie au peuple; puis Dracon, Solon, Pisistrate, Clisthène, plus démocrate encore que Solon. La sixième époque est celle où l'Aréopage gouverna, après la guerre médique; la septième est celle d'Éphialte, qui diminua l'autorité de cette haute magistrature et livra le pouvoir aux démagogues. La huitième et la neuvième sont la tyrannie des Quatre-Cents et la restauration de la démocratie; la dixième est le règne des Trente; la onzième et dernière est le retour des exilés de Phylé et du Pirée, qui redonnèrent au gouvernement démocratique la forme qu'il devait garder jusqu'au temps d'Alexandre. Le peuple y était maître de tout par les décrets de son assemblée générale, et par les jugements qu'il rendait dans les tribunaux.

Avec cette récapitulation se termine la partie historique de l'ouvrage d'Aristote. La seconde partie, presque aussi longue, expose l'organisation civique et administrative. En voici les principaux traits. Pour être citoyen, il fallait être né de père et de mère athéniens, ainsi qu'on l'a déjà vu. On était immatriculé à dix-huit ans dans un dème; mais il fallait prouver que le mariage des parents avait été légal, et que l'on n'était point esclave. Dans chaque tribu, trois hommes, âgés d'au moins quarante ans, étaient choisis par les pères de famille pour surveiller les éphèbes. A ces trois surveillants, le peuple en joignait un quatrième, qu'il élisait à mains levées, ainsi que les pédotribes et les maîtres chargés d'enseigner aux jeunes gens le métier des armes. Après un an d'exercices, ils comparaissaient devant l'assemblée du peuple, pour y recevoir le bouclier et la lance; ils se rendaient de là dans les garnisons, où ils restaient deux ans, et ils prenaient la chlamyde. Après ces deux années d'épreuves, ils rentraient parmi les autres citoyens.

Presque toutes les fonctions sont données au sort; il

n'y a d'exception que pour celles de trésorier de l'armée, de trésorier des fêtes et d'inspecteur des eaux.
Ces fonctionnaires sont désignés à mains levées et
restent en place d'une Panathénée à l'autre. Toutes les
fonctions militaires sont données aussi à mains levées.
Le Conseil ou Sénat se composait de cinq cents
membres tirés au sort, à cinquante par tribus. Chacune d'elles exerçait la prytanie, les six premières
pendant trente-six jours, et les six dernières pendant
trente-cinq, l'année étant lunaire. Les prytanes étaient
nourris aux frais de l'État dans le Tholos. Ils se réu-
nissaient tous les jours, sauf les jours de fête ; et le
peuple s'assemblait quatre fois durant chaque prytanie. C'étaient les prytanes qui le convoquaient et qui
préparaient les affaires de chacune des séances ; ils
réglaient l'ordre de parole et proposaient les dépenses. C'était à eux que les hérauts et les envoyés
devaient s'adresser d'abord, de même que les lettres
officielles devaient leur être d'abord remises.

Le président des prytanes était désigné par le sort.
La présidence ne durait qu'un jour et une nuit, et l'on
ne pouvait l'obtenir deux fois. Le président, ou épistate,
avait les clefs des temples où le trésor public était renfermé, et où l'on conservait les archives de l'État. Il
avait aussi le sceau du gouvernement ; il séjournait
dans le Tholos, avec trois autres prytanes qu'il désignait ; et quand les prytanes convoquaient le Conseil

ou le peuple, c'est lui qui tirait au sort les chefs des neuf tribus, excepté le chef de la tribu qui était prytane. Il tirait également au sort le prytane qui, parmi ces neuf chefs, devait être président après lui. Ce sont les neuf chefs de tribus qui étaient chargés de maintenir l'ordre dans les réunions, de déclarer la majorité dans un vote à mains levées, et de faire sortir de la réunion ceux qui la troublaient. On ne pouvait être épistate qu'une seule fois dans l'année, non plus que chef de tribu.

L'assemblée du peuple nommait à mains levées les dix généraux, les commandants de la cavalerie et tous les fonctionnaires de l'armée.

Le Conseil des Cinq-Cents avait pu d'abord prononcer des amendes, des emprisonnements et même la mort; mais ce droit lui avait été enlevé, à l'occasion d'un procès où un citoyen, du nom de Lysimaque, avait été sauvé par Eumélide, qui avait démontré que les tribunaux seuls avaient le droit de condamner les citoyens à mort. Le Conseil juge la gestion des fonctionnaires qui manient des fonds; mais ces jugements sont toujours soumis aux tribunaux. C'est aussi le Conseil qui discute les titres des candidats, conseillers de l'année suivante; il pouvait jadis les éliminer à son gré; mais plus tard et au temps d'Aristote, les candidats évincés purent en appeler au tribunal. Le Conseil avait encore à surveiller les constructions navales et le recrutement de la cavalerie.

Après le Conseil, Aristote s'occupe des fonctionnaires chargés de la tenue des temples, et des astynomes ou magistrats de police, chargés de maintenir sur la voie publique l'ordre et la propreté. Ils étaient au nombre de dix, cinq pour le Pirée et cinq pour la ville ; ils avaient pour les aider de nombreux agents. Il y avait encore des agoranomes pour la surveillance des marchés, des métronomes pour la vérification des poids et mesures, des panetiers pour la salubrité du pain vendu au public, et pour la bonne qualité des grains apportés par mer.

Les fonctions des Onze étaient plus difficiles. Nommés au sort, ils administraient les prisons, où l'on détenait les voleurs, les esclaves, les condamnés à mort, et tous les accusés de délits ou de crimes, que les Onze devaient faire poursuivre. Une autre corporation moins redoutable, et composée de quarante membres nommés au sort, à quatre par tribu, allait dans les dèmes juger les petites causes jusqu'à dix drachmes ; au-dessus de cette somme, la décision était remise à des arbitres. Si l'arbitrage n'était pas accepté, on en référait au tribunal. Les arbitres ne pouvaient pas avoir moins de soixante ans. Ceux qui se refusaient à cet office étaient notés d'infamie. D'autres fonctionnaires nommés au sort veillaient à l'entretien des routes. Dix contrôleurs, avec autant d'assesseurs, étaient chargés d'examiner la gestion de tous les comptables, qu'ils pouvaient traduire devant le tribunal pour péculat ou malversations. Un greffier attaché à la Prytanie garde les originaux des décrets rendus par le peuple. Jadis, on élisait le greffier à mains levées ; du temps d'Aristote, on le nommait au sort. Mais le peuple nommait à mains levées l'employé qui lisait les pièces devant l'Assemblée et devant le Conseil. Cet employé avait cette unique fonction.

Après avoir décrit quelques autres magistratures, entre autres celles des fêtes religieuses et des Panathénées, Aristote s'arrête aux archontes, qui, de son temps, étaient nommés au sort, après que les candidats avaient été soumis au plus attentif examen, soit dans leur personne, soit dans leur famille, devant le tribunal. C'est par un vote spécial qu'ils sont admis ; les candidats montent ensuite sur la pierre où l'on prête serment ; et ils jurent de gouverner selon les lois, de ne jamais recevoir quoi que ce soit pour leurs décisions, à peine de faire fondre à leur frais une statue d'or. Ils vont ensuite à l'Acropole renouveler ce serment, et ils entrent en charge, après tous ces préliminaires. L'archonte, le roi et le polémarque se choisissent chacun deux assesseurs, qui doivent être acceptés par le tribunal et qui sont responsables. L'archonte, avant de siéger, fait une déclaration de sa fortune, qui devra rester la même jusqu'à l'expiration de ses fonctions. Puis, il nomme, parmi les Athéniens les plus riches, trois citoyens qui organiseront les représentations des théâtres, l'envoi de la trirème à Délos, la députation au temple d'Esculape, les grandes Dionysiaques et autres cérémonies pieuses. Autrefois, le peuple nommait à mains levées dix citoyens sur qui pesait toute la dépense. Mais, au temps d'Aristote, on les nommait au sort; et on leur remettait à chacun cent mines pour la dépense qu'ils avaient à faire. C'était eux aussi qui devaient avoir soin des orphelins des deux sexes, et des veuves restées enceintes après la mort de leur mari.

L'archonte-roi s'occupait de tout ce qui regardait les mystères, d'accord avec les adjoints que lui donnait le peuple, deux sur l'ensemble des Athéniens, un parmi les Eumolpides et un parmi les hérauts. Il réglait les courses aux flambeaux et les sacrifices traditionnels. On pouvait l'accuser d'impiété, s'il négligeait quelques rites. C'était à lui de juger toutes les controverses qui touchaient au culte. Il instruisait encore toutes les affaires de meurtre, d'empoisonnement, d'incendie, qui étaient portées ensuite devant l'Aréopage, en cas de préméditation. D'autres tribunaux, tels que le Palladium, le Delphinium et le Puits, connaissaient des homicides commis en cas de légitime défense. L'archonte-roi, quand il siège comme juge, porte une couronne; il prononce, assisté des rois de tribus, quand il s'agit de la perte d'animaux ou de choses inanimées.

L'archonte polémarque, ou chef de l'armée, fait les

3

sacrifices consacrés à Diane et à Mars; il dirige les cérémonies qui ont lieu en souvenir d'Harmodius et d'Aristogiton, et pour les soldats morts pendant la guerre. Il juge spécialement les procès des étrangers, admis à domicile en payant les impôts, et les procès pour désertion ou absence.

Les thesmothètes étaient chargés de fixer les jours où les tribunaux devaient siéger, et ils en donnaient avis à tous les magistrats. Ils introduisaient devant le peuple les accusations d'illégalité, et de fraude sur la qualité d'étranger; toutes les questions de commerce et d'exploitation de mines leur étaient confiées; ils poursuivaient les esclaves qui avaient insulté quelque citoyen. Ils interprétaient les traités internationaux sujets à controverse. Ils jugeaient enfin les affaires de faux témoignage que l'Aréopage leur renvoyait.

Dix fonctionnaires, un par tribu, et nommés pour quatre ans, préparaient le cortège des Panathénées, les concours de musique et de gymnastique, les courses de l'hippodrome. Ils faisaient tisser le voile sacré; et ils distribuaient aux athlètes l'huile que recueillait la cité. Cette huile, fabriquée tout exprès, était déposée dans l'Acropole; elle était remise aux vainqueurs, à l'époque des Panathénées, pour les prix de gymnastique et d'équitation, tandis que les prix de musique étaient payés en argent et en or. Des boucliers étaient offerts aux athlètes les plus vigoureux.

Du temps d'Aristote, les dix généraux, élus jadis par le peuple, un par tribu, étaient nommés par la masse des citoyens. Un de ces généraux commandait les hoplites quand ils allaient en expédition. Un autre était le chef des troupes qui restaient à l'intérieur; deux généraux étaient à la tête du Pirée, l'un pour Munychie et l'autre pour la plage. Un général surveillait les corporations, ou symmories, chargées de l'entretien de la flotte. Les autres généraux étaient employés selon les circonstances. C'est dans chaque prytanie qu'on décide si les généraux se sont bien conduits. S'ils ont commis des fautes, on les traduit devant le tribunal. Sous les généraux, dix taxiarques, nommés un par tribu, commandent les hommes de leur tribu et s'adjoignent des lochages ou sous-officiers. On élit à mains levées deux commandants de la cavalerie, qui ont chacun cinq tribus sous leurs ordres. On leur donne pour adjoints dix phylarques, qui correspondent aux taxiarques de l'infanterie. Lemnos avait un commandant spécial de sa cavalerie.

Dans le soixante-troisième et dernier chapitre, Aristote aborde l'organisation des tribunaux; mais le papyrus s'arrête malheureusement après une trentaine de lignes; ce qui suit est indéchiffrable. Voici le peu qu'il nous apprend. Les membres des tribunaux étaient tirés au sort par les archontes dans les tribus. On ne pouvait être juge qu'à trente ans passés, et il n'y avait d'exclusion que pour les débiteurs de l'État, ou pour les citoyens notés d'infamie. Si par hasard il s'était glissé dans le tribunal quelqu'un d'indigne, les juges le condamnaient à une forte amende; et on le retenait en prison jusqu'à ce qu'il eût acquitté cette dette, et sa dette antérieure envers le fisc. Chaque juge a une tablette de bois où est inscrit son nom patronymique, son dème et une des dix premières lettres de l'alphabet. Les juges sont partagés selon leur tribu en dix groupes, où le nombre des membres est égal pour chaque lettre. Après que le thesmothète a tiré au sort les lettres qui doivent indiquer le classement, l'appariteur remet à chaque tribunal la lettre qui le concerne.

Le papyrus ne va pas plus loin dans sa partie lisible; mais il est bien probable que l'auteur lui-même était parvenu au terme de son œuvre, et qu'il n'en manque dans la copie qu'un reste de peu d'étendue.

Telle est l'analyse de l'histoire constitutionnelle d'Athènes par Aristote. En attendant les travaux de tout genre que cet ouvrage ne manquera pas de provoquer, nous pouvons, dès à présent, indiquer quelques conséquences qui en ressortent évidemment.

En premier lieu, le monument a beau être incomplet, il nous donne, de la Constitution athénienne, une description dont rien n'approche dans l'Antiquité. Hérodote, Thucydide, Platon et Xénophon même ne nous en avaient fourni que de rares informations. Aristote nous la fait connaître pleinement. Et ici, il faut n'être pas dupe d'une équivoque. On pourrait bien se dire, après une rapide lecture, qu'Aristote ne nous apprend rien de très neuf. C'est vrai; mais c'est à lui, et à lui seul, que tous les écrivains postérieurs, Plutarque, Harpocration, Pollux, ont emprunté tout ce qu'ils ont dit. Il est la source abondante où ils ont puisé; il les a instruits, avant qu'ils ne nous aient instruits à leur tour. Mais aujourd'hui qu'Aristote nous parle directement, l'honneur doit lui revenir.

Une autre conséquence non moins certaine, c'est que ce nouvel ouvrage nous fait comprendre beaucoup mieux qu'auparavant ce qu'était le fameux Recueil des Constitutions, pour lequel Cicéron ressentait tant d'estime. Ce n'était pas, comme on aurait pu le croire, une simple collection de documents plus ou moins instructifs. C'était, pour chacune des cent cinquante-huit constitutions, une analyse faite par Aristote lui-même, que son génie guidait en histoire et en politique, aussi bien qu'en philosophie et en sciences naturelles. Aristote historien est une figure que nous ne connaissions pas; il l'est à la manière de Thucydide, un peu moins austère, mais aussi exact et aussi scrupuleux. Si quelque chose pouvait encore augmenter sa gloire, ce serait cette révélation du British Museum; mais, pour lui, l'admiration humaine a épuisé toutes ses formules, et l'on ne saurait en imaginer de plus laudatives. Il a su peindre Athènes, et son gouvernement, sous des couleurs si vives et si justes qu'il l'a en quelque sorte ressuscité pour nous Il nous en montre, en toute réalité, la vie politique tellement intense qu'aucun peuple, pas même le peuple romain, ne l'a surpassée, ni peut-être même égalée. C'est qu'à Athènes, la plupart des fonctions étant données au sort ; tout citoyen, de quelque rang qu'il fût, devait tâcher de se rendre apte à les remplir, puisqu'elles pouvaient lui incomber. Si Dieu avait doué la race athénienne de dons presque surhumains, cette race s'est montrée digne du privilège que la Providence lui accordait.

Mais Athènes, qui peut être un admirable exemple pour toutes les démocraties, est aussi pour elles une grande et menaçante leçon. La démocratie athénienne a commencé ses progrès dès les temps héroïques de Thésée et de Codrus ; elle ne les a pas cessés pendant sept ou huit siècles de suite, malgré les fréquents interrègnes de la tyrannie, jusqu'à ce qu'enfin son principe, poussé à bout, la menât fatalement à la démagogie, où elle perdit à la fois sa puissance et son honneur. Si l'histoire a pour les peuples de fructueux enseignements, celui-là est le plus clair de tous ; et c'est grâce à des œuvres comme celle d'Aristote que cet avertissement solennel peut être mis à profit, si jamais le spectacle des fautes et des malheurs d'autrui peut inspirer la sagesse à ceux qui les contemplent, sans songer qu'ils vont se briser sur les mêmes écueils.

Avant de terminer, nous félicitons de nouveau M. F.-G. Kenyon et ses collaborateurs de leur magnifique publication. C'est M. F.-G. Kenyon qui a déchiffré le manuscrit. M. G.-F. Warner a collationné la transcription sur l'original; et les épreuves ont été relues par MM. E. Maunde Thompson, G.-F. Warner et Edward Scott. Un fac-similé autotype de tout le texte grec a été publié à part; et pour que rien ne manquât à ce volume, on y a joint une planche-spécimen du recto du papyrus, qui est occupé par les comptes personnels d'un propriétaire ou d'un intendant.

Enfin, nous exprimons un espoir: c'est que les découvertes faites à Berlin et à Londres ne seront pas les dernières. Ces deux papyrus sont des indices, qui ne resteront pas stériles. Les Grecs ont occupé l'Égypte pendant huit cents ans au moins, depuis la fondation d'Alexandrie par Alexandre, en 331 avant l'ère chrétienne, jusqu'à la conquête arabe. Il y a eu parmi les Hellènes beaucoup de lettrés et de gens de goût, sur cette terre des Pharaons. La bibliothèque d'Alexandrie a été la plus grande de l'Antiquité, et une des plus grandes du monde. Beaucoup de causes ont pu contribuer à la destruction des manuscrits; mais il est bien probable qu'il s'en trouve encore un assez bon nombre que le hasard a laissés subsister. Il n'y a que les papyrus qui aient pu garder ces secrets. Partout ailleurs, les recherches sont vaines désormais; et là, elles peuvent encore être fécondes. Dès à présent, nous croyons pouvoir affirmer qu'aucune découverte, quelque importante qu'elle puisse être, ne le sera jamais plus que celle dont nous venons de tracer l'esquisse.

Paris. — L.-Imp. réunies, 7, r. Saint-Benoît.